POUR LES PARENTS

INCLUS
LA VERSION NUMÉRIQUE ET AUDIO DU LIVRE

COMMENT ÇA MARCHE ?

1

Téléchargez l'application

Livres immersifs Pili Pop

2

Déverrouillez

The Pilis and Jamie the Painter

3

Écoutez et parlez

Lecture automatique ou interactive

Grâce au moteur de reconnaissance vocale de l'application, les enfants sont encouragés à parler et à travailler leur prononciation !

DISPONIBLE SUR Google Play | Télécharger dans l'App Store

L'application est gratuite et disponible sur l'App Store et Google Play
Configuration minimale requise : iOS 8 ou Android 4.4

DÉCOUVREZ LES LIVRES IMMERSIFS !

LES COULEURS

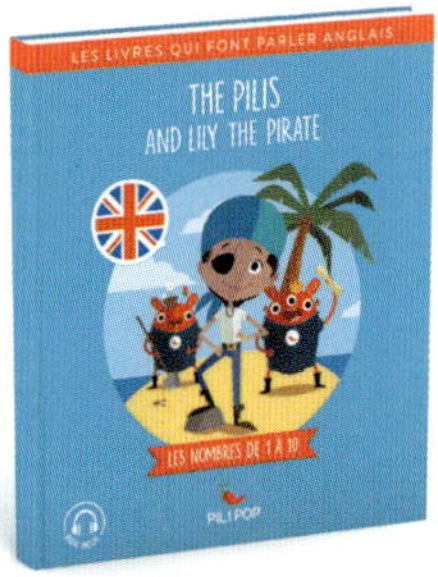

LES NOMBRES DE 1 À 10

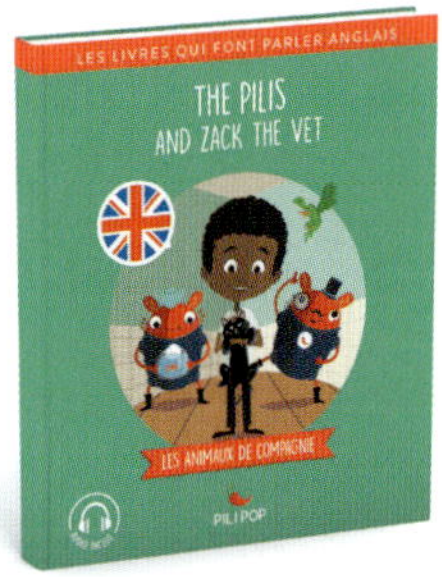

LES ANIMAUX
DE COMPAGNIE

LES VÊTEMENTS

LES FRUITS

LA VILLE

Découvrez la suite des aventures des Pilis avec les livres immersifs Pili Pop.
Un concept unique pour initier votre enfant à l'anglais !

LES LIVRES QUI FONT PARLER ANGLAIS !

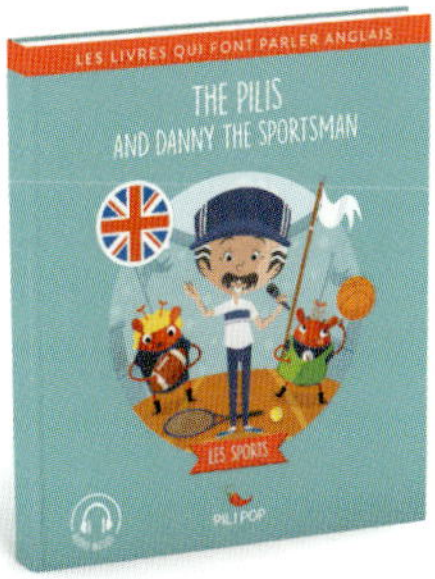

LES SPORTS

LES PARTIES DU CORPS

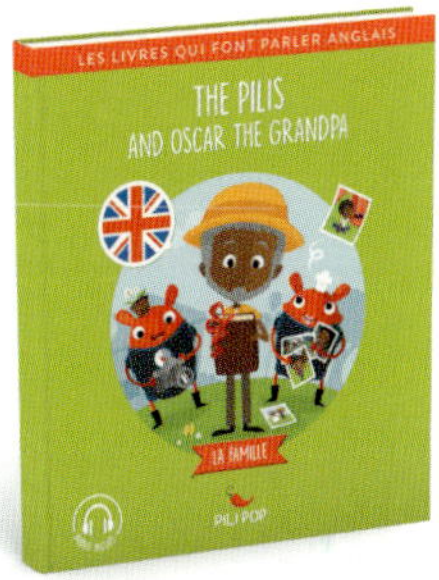

LA FAMILLE

LES LÉGUMES

LES JOUETS

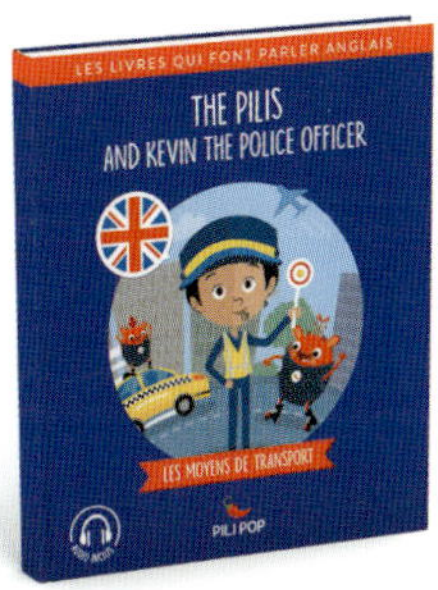

LES MOYENS DE TRANSPORT

Une nouvelle manière d'apprendre l'anglais, en combinant un livre et une application mobile. Cette méthode est accessible à tous.

CONCEPTION : Pili Pop Labs S.A.S.

ÉDITION : Unique Heritage Editions / Quelle Histoire

ILLUSTRATIONS : Hélène Camu, Soiny Duval, Mathilde Tuffin

TEXTES : Emma Carlson Berne, Eugène Ernoult, Elsa Prieto

DÉVELOPPEMENT NUMÉRIQUE : Guillaume Poignant

EXPERT LINGUISTIQUE : Erin Quirk

SIÈGE SOCIAL : 6, villa de Lourcine 75014 Paris

Fabriqué par Labelfab / Imprimé en France par Pollina, 84029c
Dépôt légal décembre 2016

Loi n°49-956 du 16 juillet 1949 sur les publications destinées à la jeunesse

THE PILIS
AND JAMIE THE PAINTER

LES COULEURS

ART COMPETITION
Tinki
Crispi
Flippi

The Pilis **get off** the **rocket**.
“Hi! I’m Jamie. Welcome to the sculpture competition!”
“Nice to **meet** you! We’re the Pilis!” **says** Tinki.
“What are you doing?”

(to) get off

rocket

(to) meet

(to) say

"I'm making a sculpture. I want to **win** the competition!" says Jamie. Jamie **shows** his sculpture to the Pilis. It looks like a big orange **cupcake**. "**Yummy**!" says Crispi. "No, Crispi! NO!" says Flippi.

(to) win

(to) show

cupcake

yummy

Too late! Crispi **eats** the sculpture.
"It's a sculpture, not a real cupcake!" says Flippi.
Suddenly, Crispi feels **sick**. He turns **green**.
Jamie starts to **cry**. "My sculpture! This is a disaster!"

(to) eat

sick

(to) cry

Tinki has an **idea**. “I know what to do!” he says.
He takes some **white paper** and **writes** something on it.
Jamie and the other Pilis **look at** the **paper**.
“That’s a great **idea**!” says Flippi.

idea

paper

(to) write

(to) look at

The Pilis **run** around the art competition. Flippi wants to **find** a very **big** object. He finds a big **grey** **clock**. “Perfect!” Flippi says. “I’m sure Jamie loves **grey**!”

(to) run

(to) find

big

clock

Crispi feels better, and he wants to **help**, too!
He **walks** around the sculpture competition. He finds a **ball** and a **bottle**. They're **blue**!
"**Blue** is my favorite color." he says.

(to) help

(to) walk

ball

bottle

Flippi **opens** a door. He enters a dark **room**.
"I can't **see**! Everything is **black**!" he says.
Flippi doesn't like **black**.
He **takes** three objects and runs out of the dark **room**.

(to) open

room

(to) see

(to) take

Now Flippi can see the three objects.
It's a **pink** **cup**, a **pink** **teddy bear** and a **pink** **unicorn**!
"Oh! Everything is **pink**! Cool!" says Flippi.

cup

teddy bear

unicorn

Jamie **makes** a new sculpture with the objects. Jamie takes a **can of brown paint**. He starts to **paint** the sculpture **brown**. "Oh no! The **can of paint** is **empty**!" says Jamie. Tinki has an idea.

(to) make

can of paint

(to) paint

empty

The Pilis **grab two** bottles of Pili **juice**.
"We can paint it **red** with Pili **juice**... like our rocket!" says Tinki.
"Or **red**... like you!" says Jamie.

(to) grab

two

juice

The sculpture is now finished. The judge **chooses** a **winner.**
"And the **winner** is... Jamie!" says the judge.
She **gives** Jamie a big **yellow** **trophy**.
"Congratulations, Jamie!" say the Pilis.

(to) choose

winner

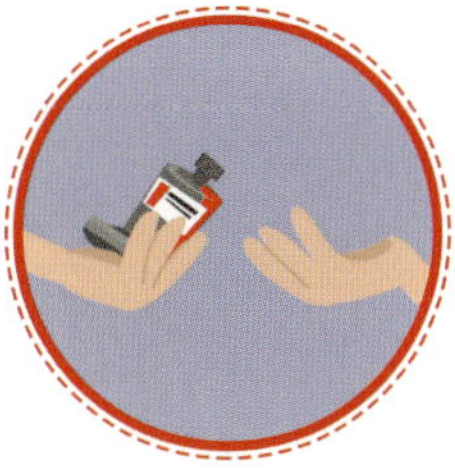

(to) give

trophy

YAY

TREASURE HUNT

Ces objets se sont cachés dans les illustrations tout au long de l'histoire ! Cherche-les et, pour chaque objet, écris sur quelle page tu l'as trouvé.

Page : 32

Page : ......

Page : ......

Page : ......

Page : ......

Page : ......

Page : ......

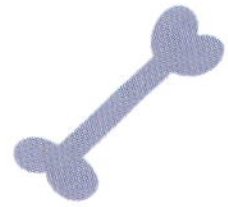

Page : ......

Page : ......

Page : ......

Page : ......

Page : ......

Page : ......

Page : ......

Page : ......

Page : ......

WORD SEARCH

Dix couleurs en anglais sont cachées dans cette grille de mots mêlés.
Sauras-tu les retrouver toutes ?

P	T	G	R	E	Y	A	X	B	K
Y	E	L	L	O	W	H	I	T	E
~~O~~	~~R~~	~~A~~	~~N~~	~~G~~	~~E~~	H	C	Y	Q
B	L	U	E	C	Y	U	W	E	C
C	E	J	I	K	I	B	I	P	X
T	Z	P	I	N	K	I	D	B	R
A	B	R	O	W	N	V	D	C	E
V	R	H	S	Z	S	O	W	R	D
C	Q	M	A	Z	B	L	A	C	K
L	J	G	R	E	E	N	M	N	V

☒ Orange ☐ Grey ☐ Red ☐ Black
☐ Blue ☐ Green ☐ White ☐ Yellow
☐ Pink ☐ Brown

COLORING PAGE

Colorie l'image avec la couleur qui correspond à chaque chiffre pour découvrir les trois héros de ce livre !

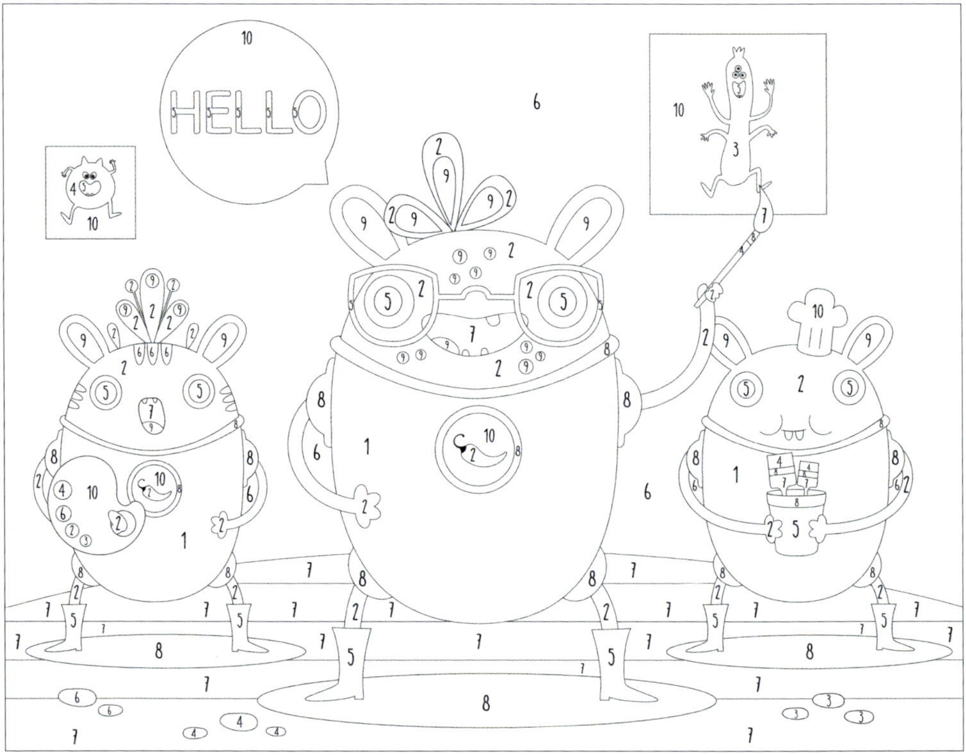

1 : blue	2 : red	3 : green	4 : yellow	5 : black
6 : orange	7 : brown	8 : grey	9 : pink	10 : white

TREASURE HUNT

Pièce p.32 / Montre p.12 / Poupée russe p.20 / Nuage p.19 / Chapeau p.30 / Lune p.9 / Cerises p.26 / Os p.24 / Canard p.24 / Crayon p.17 / Sablier p.28 / Vase p.22 / Portemanteau p.23 / Fraise p.10 / Cafard p.14 / Tomate p.30

WORD SEARCH

P	T	G	R	E	Y	A	X	B	K
Y	E	L	L	O	W	H	I	T	E
O	R	A	N	G	E	H	C	Y	Q
B	L	U	E	C	Y	U	W	E	C
C	E	J	I	K	I	B	I	P	X
T	Z	P	I	N	K	I	D	B	R
A	B	R	O	W	N	V	D	C	E
V	R	H	S	Z	S	O	W	R	D
C	Q	M	A	Z	B	L	A	C	K
L	J	G	R	E	E	N	M	N	V

COLORING PAGE

1 : bleu / 2 : rouge / 3 : vert / 4 : jaune / 5 : noir / 6 : orange / 7 : marron / 8 : gris / 9 : rose / 10 : blanc

L'APPLICATION PILI POP ENGLISH

PILI POP ENGLISH

DÉCOUVREZ L'APPLICATION DES PETITS BILINGUES !

Pour aller plus loin dans la pratique d'une langue étrangère à la maison, découvrez l'application Pili Pop. Les enfants de 5 à 10 ans progressent à leur rythme en écoutant et en parlant dans une langue étrangère tout en s'amusant avec les Pilis !

Rendez-vous sur **www.pilipop.com**